KB240987

나타 부한
테일즈런너 Tales Runner
부수한자
12
천재 코믹스

테일즈런너 나타부한 부수한자 12권
발행일 : 2015년 12월 1일 초판 / 2015년 12월 1일 1쇄
발행처 : (주)천재교육
발행인 : 최용준
책임편집 : 박세경, 이미순, 김지영, 김수지
기획편집 : 이복선, 안흥식
마케팅 : 김철우
제작 : 황성진
글쓴이 : 이준범
그린이 : 이정태
신고번호 : 제 2001-000018호(1980. 5. 28)
편집 : 02-3282-8512
영업 : 02-3282-1675
팩스 : 02-3282-1717
고객만족센터 : 1577-0902
주소 : 08513 서울특별시 금천구 가산로 9길 54
홈페이지 www.chunjae.co.kr
ISBN 978-89-269-6936-6 64710

"하늘 천(天), 땅 지(地), 검을 현(玄), 누를 황(黃)······."

한자를 무조건 외우기만 하면 이해도 안 되고 어렵기만 합니다. 어떻게 하면 쉽고 재미있게 공부할 수 있을까요? 바로 부수한자를 만화로 배우면 됩니다.

"부수한자 해 일(日)로 만든 한자는 때 시(時), 어제 작(昨)이 있네? 아하~ 해 일(日)은 시간이나 날짜와 관련된 한자를 만들 때 쓰는구나!"

부수한자는 한자의 기본이 되는 것으로, 부수가 같은 한자는 서로 연관된 의미를 갖습니다. 따라서 부수한자를 알면 한자의 의미를 이해하는 데 많은 도움이 됩니다.

한자를 '쉽게' 공부하는 방법에 대한 답이 부수한자라면, '재미있게'에 대한 답은 누가 뭐라 해도 역시 만화가 아닐까요? 〈테일즈런너 나타부한 부수한자〉의 주인공들과 흥미진진한 모험을 함께하는 사이 많은 부수한자를 저절로 알게 될 것입니다.

많은 어린이들이 이 책을 통해 부수한자를 쉽고 재미있게 공부하여 한자와 친해지기를 바랍니다.

감수자 일동 : 허시봉, 정규돈, 김준영
(전국한문교사모임)

1 일거양득(一擧兩得)

: 한 가지 일로 두 가지 이익을 얻음.

이 책 한 권으로 '학습'과 '재미'를 모두 얻을 수 있습니다.

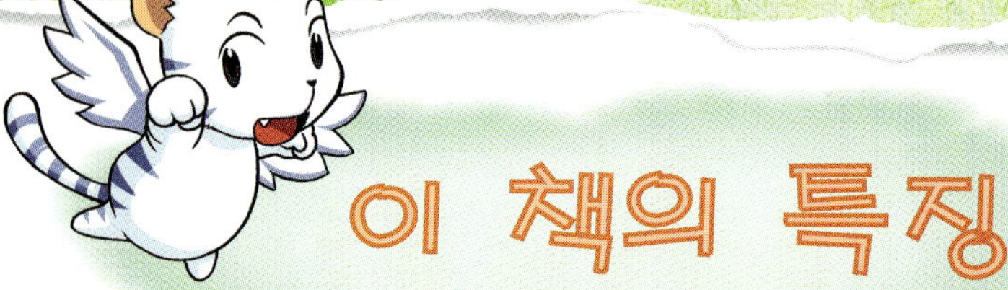

2 박장대소(拍掌大笑)

: 손뼉을 치며 크게 웃음.

테일즈런너와 금동이의 코믹하고 흥미진진한 모험을 함께하며 신나게 웃을 수 있습니다.

3 파죽지세(破竹之勢)

: 적을 거침없이 물리치고 쳐들어가는 기세.

한자능력검정시험에 자주 출제되는 한자들을 이야기로 구성하여 실전에서 막힘이 없도록 돕습니다.

4 철두철미(徹頭徹尾)

: 처음부터 끝까지 빈틈없고 철저함.

부수한자와 한자의 생성 원리, 한자성어 등 한자의 모든 것을 담았습니다.

부수한자 마법

나타부한(나타나라 부수한자)!

• 부수한자란?

부수한자는 수많은 한자들 중 공통성이 있는 것끼리 모아 그 부분을 대표하는 글자를 내세운 것입니다. 총 214자이며 한자사전(漢字辭典)에서 한자를 찾을 때 기준이 됩니다. 자기 스스로가 부수여서 '제부수한자'라고도 합니다.

• 스토리텔링 연상법으로 214자 부수한자 익히기

제부수한자인 해 일(日)은 달 월(月)과 만나 밝을 명(明)이, 잠깐 사(乍)와 만나 어제 작(昨)이 됩니다. 〈테일즈런너 나타부한 부수한자〉는 214자의 부수한자를 재미있는 만화로 담았습니다. 이 책을 통해 주인공과 함께 신나는 모험을 하면서 자연스럽게 한자를 익힐 수 있습니다.

• 부수한자 마법 나타부한 활용하기

만화 속 인물들이 "나타부한!"을 외치면 부수한자가 나타나고 그 부수한자를 사용해서 부수한자 마법을 쓸 수 있습니다. 빨간색으로 강조한 부분이 부수한자이며, 그 아래에는 한자의 필순을 표기하여 학습에 도움이 되도록 하였습니다.

速 빠를속　 ′ ′ ′ ⼍ 宀 申 束 束 涑 涑 速

등장 인물

금동이

마력	정의감

0 　　　　　　　70 　　　　100

부수한자 쇠 금 金의 기운을 타고 태어난 선비이며
한대제의 제자이다. 한타지의 모든 선비를 없애고 부
수한자를 독차지하려는 못된 한마황에 맞서 싸운다.

호야

마력	초스피드 땅파기	한타지 정보 수집

0 　　　30 　　　60 　　　100

금동이가 말썽을 피울 때는 따끔한 충고를 해 주고,
힘들 때는 위로도 해 주는 친구이다. 한타지에 대해
모르는 것이 없다.

한마황

마력	벼력하기

0 　　　　　　　70 　　　　100

일월오성검을 통해 후천적으로 강력한 부수한자
마법을 얻었다. 양반 무리의 우두머리이며 한타지
를 지배하려는 야망에 불타고 있다.

나르시스

마력	시도 때도 없이 거울 보기

0 　15 　　　　　　　　　100

테일즈런너에서 '미'를 담당하고 있다. 아름다운
외모가 곧 무기라며 어떠한 순간에도 아름다움을
유지하기 위해 노력한다.
※전설의 아이템 : 마음 심 心 거울

한대제

<table>
<tr><td>모든 것이 완벽 그 자체</td></tr>
</table>

0　　　　　　　　　　　　　　100

금동의 스승. 한마황이 일월오성검으로 부수 광석을 봉인하고 한타지를 지배하자 몰래 금동이를 키우며 한마황에게 맞설 준비를 한다.

삼천갑자 동방삭

<table>
<tr><td>마력</td></tr>
</table>

0　　　　　　　　　　　　　　100

세상의 것에 대해 모르는 바가 없으며, 엄청난 부수한자 마법 능력을 가진 전설 속의 인물. 한대제의 오랜 친구이다.

밍밍

마력	분위기 파악 못하는 나르시스 날려버리기

0　　　　30　　　　　　　　　　100

테일즈런너에서 '귀여움'을 맡고 있으며, 상냥한 말씨와 부드러운 미소를 가졌다. 하지만 한번 화가 나면 걷잡을 수 없는 다혈질이다.

※전설의 아이템 : 기운 **기** 氣 손목 보호대

러프

마력	판단력	뒤로 달리기

0　　15　　　45　　　　　　100

테일즈런너에서 '냉정함'을 담당하고 있지만 알고보면 마음 따뜻한 남자이다. 뒤로 빨리 달리기가 특기이며, 빠른 판단력으로 위기 상황을 잘 헤쳐나간다.

※전설의 아이템 : 빠를 **속** 速 신발

 12권 부수한자

牛	竹	口	車	口	里	力	月	气	辶
소 우	대 죽	큰 입 구	수레 거/차	입 구	마을 리	힘 력	달 월	기운 기	책받침
5급	4급		7급	7급	7급	7급	8급		

心	女	子	木	自	止	氵	亻	一
마음 심	여자 녀	아들 자	나무 목	스스로 자	그칠 지	삼수변	사람인변	한 일
7급	8급	7급	8급	7급	5급			8급

※ 한자의 순서는 책에 등장하는 순서입니다.

 12권 부수한자로 만들어진 한자

竹 대죽	算 셈할 산 7급	答 대답할 답 7급	口 큰입구	圖 그림 도 6급	口 입구	右 오른 우 7급	問 물을 문 7급

里 마을리	重 무거울 중 7급	力 힘력	動 움직일 동 7급	月 달월	育 기를 육 7급	气 기운기	氣 기운 기 7급

辶 책받침	速 빠를 속 6급	心 마음심	愛 사랑 애 6급	女 여자녀	姓 성씨 성 7급	子 아들 자	孝 효도 효 7급

木 나무목	本 근본 본 6급	止 그칠지	正 바를 정 7급	氵 삼수변	漢 한나라 한 7급	亻 사람인변	住 살 주 7급

一 한일	世 세상/인간 세 7급	上 위 상 7급

12권 한자성어

정정당당(바를 정 正, 바를 정 正, 당당할 당 堂, 당당할 당 堂)
▶ '태도나 수단이 공정하고 떳떳하다.'는 뜻임.
자승자박(스스로 자 自, 노끈 승 繩, 스스로 자 自, 얽을 박 縛)
▶ '자기의 줄로 자기 몸을 묶는다.'는 뜻으로, 자기가 한 말과 행동에 자신이 구속되어 곤란하게 됨을 비유적으로 이름.

차례

나타부한
(나타나라 부수한자)!
11권에서 무슨 일이
있었지?

금동과 친구들은
그린, 레드, 블랙, 블루의
공격에 용감하게
맞섰어.

그러자 그들은
최후의 마법인 합체
몬스터로 변신 했어.

친구들을 지키기 위해 금동은 최선을 다해 합체 몬스터를 상대했어.
결국 깨달음을 얻은 금동은 합체 몬스터를 물리치게 돼.
그러면서 진정한 한자 마법의 힘을 알게 된 금동!
한마황을 혼자 상대하게 된 금동이. 한마황을 물리치고, 한타지를 구해 줘!
그때 갑자기 나타난 한마황은 금동에게 자신의 성으로 오라고 제안했어.
12권 속으로 출발!

푸쉬시시
금동이가
사라져 버렸어!
아아….
역시 내 생각대로군.
흠칫

이렇게 나를 반길
줄은 몰랐는걸?
이럴 수가!
쿵
한마황!

*계책(꾀 셸 계, 꾀할 책) : 어떤 일을 이루기 위하여 꾀나 방법을 생각해 냄.

*환영(幻 헛보일 환, 影 그림자 영) : 눈앞에 없는 것이 있는 것처럼 보이는 것.

*유인(誘 꾈 유, 引 끌 인) : 주의나 흥미를 일으켜 꾀어 냄.

15

그럼 내가 왜 너희를 살려 둔다고 생각하지?
그건 나도 몰라.

우리를 해치지 않는 이유가 뭐야?
그 이유가 궁금하다면 알려드리지.

난 너희가 정의의 편인 척하는 것이 몹시 눈에 거슬리고 화가 난다!
뭐?

하지만 선과 악이 그렇게 간단히 정해지는 것일까?
너희가 정의의 편이라면 난 당연히 악당이 되는 거겠지.
무슨 소리를 하는 거야!
그럼 우리가 악당이라도 된다는 거야?
우린 한타지를 지키기 위해 싸우고 있다고!

*증명(證 증거 증, 明 밝을 명) : 어떤 사항이나 판단 등에 대하여 그것이 진실인지 아닌지 증거를 들어서 밝힘

너희가 진정으로
정의의 편이라면
실력으로 *증명해
보거라.

사사사 사 사

콰 콱

한마황!

한마황의 환영이 사라졌어!
이제 어떡해?
이런!

호야, 어쩌지?
나도 한마황의 성으로 가는 길을 몰라.

금동이에게 가야 하는데!

문영은 길을 알고… 있지?
……

아무래도
안 되겠어.
모두들,
미안!
어디 가?
탁 탁 탁
문영!
기다려!
내가
데려올게!
탓

워워, 관둬.
우릴 배신한
거잖아.

뭐?

어차피 문영은
한마황의
부하였어.

멈칫

쫓아가 봤자
무슨 일을 당할지
모른다고.

설마….

내 생각엔
그건 아닌 것
같아.

뭐?

문영은
진심으로
우리와 함께
한마황을
구하고 싶어
했어.

지금은 무슨 사정이
있는 것 같으니 우린
백의종 선비님께
가서 다른 방법을
찾아 보자.
하지만….

음….

호야 말이 맞아.
우린 백 선비님
한테 가 보자.
러프?
문영이도
마음이
아프겠지.

그래.
문영은 분명 울고
있었어.

호야 말대로 문영과
한마황 사이에는
우리가 모르는 사연이
있을 거야.

어쩌면 문영이야말로
한마황의 마음을
되돌릴 수 있을지도
모르지.

오,
제법인데.

하지만 이대로
백 선비님을
만나러 갈 순
없어.

그냥 가면 미모에서 밀릴 수도 있단 말야.
머리 좀 만지고 가야 되는데
부들부들

이제 가도 되겠지?
슈우우
네~.
탁탁

......
빨리 와!
네, 네~, 갑니다.

금동아, 반드시 무사해야 해!

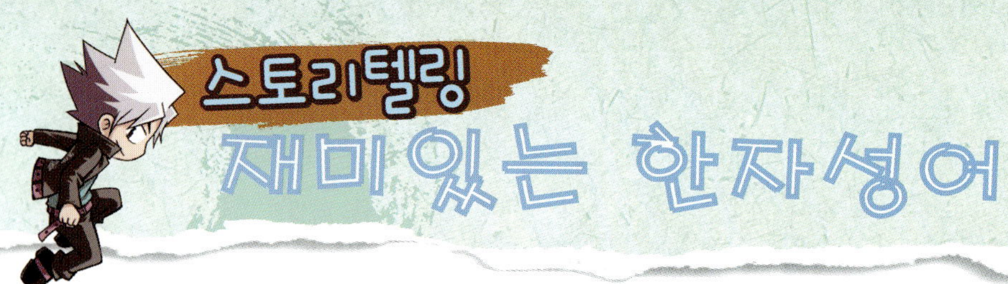

정정당당

正 正 堂 堂

바를 **정**　　바를 **정**　　당당할 **당**　　당당할 **당**

'태도나 수단이
공정하고 떳떳하다.'
는 뜻이에요.

미안~!
텁

비겁하게
이런 법이
어디 있어!
우물
우물

나르시스가
정정당당하지
못했구나.
정정당당?

정정당당
(正正堂堂)이란
'태도나 수단이
공정하고 떳떳하
다.' 는 뜻이야.

가위바위보를
해서 케이크를
먹기로 했으면
가위바위보로
승부를 봤어
야지.
뭐야?

어젠 네가
내 케이크를
똑같은 방식으로
가로챘잖아!
헤헤~, 내가
그랬나?
그런 게였냐?

算
셈할 산
算
셈할 산(算)의 부수한자는
대 죽(竹)입니다.

뭐라고?

금동이가 말릴
틈도 없이 사라져
버렸거든요.
이런.
금동이 혼자
한마황의 성으로
갔단 말이냐?

하지만 한마황은 분명히 저희에게 금동이를 구하러 오라고 말했어요.

그러니까 저희는 반드시 한마황의 성으로 가야 해요.
방법이 없을까요?
으음….

하지만 나도 한마황의 성으로 가는 방법은 모른단다.
정말요?

가는 길이야 어떻게든 찾을 수 있을 거예요.
자넨?

제가 함께 간다면 말이죠.
샤방
샤방
백의종 선비님!

몸은 괜찮으신 거예요?
이제 다 나았어요.

여전히 꽃미남이시네요.
하하, 그렇죠?

그럼 시간이 없으니 어서 금동 선비를 구하러 가요.

그건 무리예요.
아!
선비님은 이제 겨우 몸을 가눌 수 있게 되었을 뿐이에요.
그 몸으로는 금동 선비를 도우러 가 봤자 짐만 될 뿐이라고요.
하지만….
나타부한!
소 우 牛!
푸항
牛

선비님은 아직 싸울 수 있는 상태가 아니잖아요.

파악
크윽!
까가각
으윽!
털석
선비님!
헉!
헉!
푸릉

선비님은 지금 제 공격조차도 피하기 어려워요.
그런데 어떻게 한마황을 상대 하겠다는 거죠?

아니, 그래도 난 가야 해요.
서, 선비님!

싸움을 하는 게 무리일 거라는 건 나도 잘 알아요.

이전보다 더욱 심하게 몸이 망가질지도 몰라요.

하지만 금동 선비는 한타지를 구하기 위해 혼자서 싸우고 있어요.
아!
어쩌면 지금 금동 선비는 나보다 몸 상태가 더 좋지 않을지도 몰라요.

미안해요, 지율 낭자. 난 가야만 합니다.
선비님!
어렵게 회복된 몸으로 무리하면 쓰나.
콰아악
앗!

정답 O

그렇게 되면 애써 고쳐 준 이들의 노력이 헛일이 되지 않겠는가?
스승님!
나도 같은 생각일세.
한대제 님!
동방삭 님 까지!
스승님! 어떻게 여기까지?
하늘 고을이 제법 원래 모습을 찾았거든.

모두 미도가
열심히 해 준
덕분이지.

죄, 죄송해요, 스승님.
이렇게 오셨는데,
금동이가….
울먹
울먹

금동이가 혼자서
한마황의 성으로
갔다고 말하고
싶은 게지.
!

하지만 이제 걱정 없겠네요!
한대제 님과 동방삭 님까지 오셨잖아요~.
스, 스승님?

모두가 함께라면 금동이를 구할 수 있을 거예요.
헉! 나르시스!
웬일로 옳은 말을?

안타깝게도….
그럴 수가 없단다.
네?

스, 스승님?

우린 이제 힘이 남아 있지 않구나.

앞으로 한타지는 너희의 힘으로 지켜야 한다.
그렇게 하지 않으면 앞으로 더 힘들어질 게야.

너희는 이미 금동이를 도울 수 있을 정도로 충분히 강하단다.
!
!

그러니 자네도 이제 그만하게.
하지만….

자네는
이 아이들의 힘을
믿지 않는 건가?
그, 그렇지만….

더구나 자네에겐 지율랑
선비도 있지 않은가.
아….

더 이상
그녀를 슬프게
하지 말게나.
…….

지율 낭자….
선비님….

걱정 마세요!
밍밍?

저희의 힘이
어느 정도인지
아시잖아요!

백 선비님은
지율랑 선비님이랑
오래오래 행복하셔야
해요.
…….

밍밍, 너 혹시
백 선비님을….

그렇지, 러프?
으, 응.
툭

우리끼리도 충분히 금동이를 구할 수 있잖아.
넌 왜 가만 있는 거야?
아….

훗

그거야 두말하면 잔소리지!
좋았어! 금동이를 구하러 가자!

잠깐! 아무리 그래도 적이 얼마나 되는지는 알아보고 가야지.
네?
대 죽竹을 부수로 해서 한마황 성의 부하들의 수를 세어 보아라! 셈할 산算!
헉!
산
푸항

나타부한!

저, 저게 다 한마황의 부하들이란 말이에요?
지금까지 상대한 적들보다 훨씬 많아!

적어도 수백, 아니 수천은 될지도 몰라.

그렇게나 많아요?

그게 문제가 아니야. 지금 저 많은 적들을 금동이 혼자 상대하고 있다는 거잖아.
!
아!

당장 가 봐야겠어요!
그래.
하지만 가는 길을 모르잖아.
아차!

그건 걱정 말거라! 나타부한! 큰 입 구 口를 부수로 해서 길을 알려줄 지도야 나타나라! 그림 도 圖!
이 지도가 금동이가 있는 곳으로 안내해 줄 거다.
역시 동방삭 님이셔!
끙
圖
그렇다면 나도 가만 있을 수 없지.

나타부한!
수레 거/차 車를
제부수로 해서
이동할 것을 불러라!
수레 거/차 車!
구옷
빠
앙

뭐, 뭐야… 저건
수레 차 車 부수광석
구슬에서 나왔던
달팽이잖아!
데, 데자부?
가, 갑자기
나쁜 기억이…!

ZZZ
하지만
어떻게….
허허허.

어떻게 똑같은
달팽이가
나왔느냐고?

그거야 부수광석
구슬을 만든
사람이 나니까.
아하,
그렇구나!

그럼 어서
출발하자!
좋아!

 圖 그림 도

ZZZ
난 얘 타기
싫은데….

빨리
올라와!
안 오면
버리고
간다!
알았다고~.

그럼
다녀올게요!

구오옷

역시 빨라!
까아악!

으아아아!

또 이걸 타다니!
그 녀석 참 빠르네.
으아아아!

어떤가?
아….

지금 저들은
금동이와 한타지를
구할 생각밖에
없어요.

수천 명의
적을 앞에 두고도
함께 가자는 말을
하지 않네요.

테일즈런너들까지
한타지의 일을
자기의 일처럼
생각해 주다니….

저 애들이 한타지를 구할 수 있을 거라고 보나?
당연하지, 누구의 제자 들인데.

반드시 한타지를 구할 겁니다.
저도 그들을 믿어요.

꼭 부탁한다, 얘들아!

기를 육(育)의 부수한자는
달 월(月)입니다.

 右 오른 우　ノ ナ ナ 右 右

부웅
나타부한!
입 구 口를
부수로 해서
오른쪽으로
이동한다!
오른 우 右!
빡
빡
빡
右
口

크오오
카각
꾸엑!
부웅
뻐
뻐
뻑
억

이 녀석들은 언제까지 나타나는 거지?

도대체 끝이 없잖아!

확실히 처음 만났을 때와는 비교가 안 될 정도로 강해졌군.

이건 약속과 다르잖아!

 里 마을 리 ｀ 一 ┌ 爪 甲 巴 些 里 里

이런 비겁한…!
널 직접 상대한다고 말을 한 적은 없는데.

비겁이라?

내 부하들도 해치우지 못하는데 나더러 널 상대 하라는 거냐?
!

정 그렇다면 내가 먼저 공격하겠다!
빠악
里
나타부한!
마을 리 里!

마을 리 里를
부수로 해서
모두 무거워져라!
무거울 중 重!
쿠과과가
重 무거울 중

콰

과 콰과과

제법인데?
무거울 중 重 마법을
써서 나까지
움직이지 못하게
하다니.

하지만
이 마법 때문에
너도 움직이지
못하게 됐구나.

과연 그럴까?
뭐?
나타부한!
힘 력 力을
부수로 해서
움직인다!
움직일 동 動!
動力
뽜앙!

모두 사라져라!
부웅
콰

OX퀴즈 움직일 동 動 의 부수한자는 무거울 중 重 이다? (정답은 65쪽.)

하지만 방금 그 공격으로 한자 에너지를 많이 사용했겠군. 나와라, 일월오성검!
삥
한자 에너지 따윈 얼마든지 있으니까.

처음부터 그걸 노리고!
노린 거 아니거든.

育 기를 육 `   亠 ㄊ 云 玄 夻 育 育 育

정답 X 움직일 동 動의 부수한자는 힘 력 力입니다.

마치 일월오성검이
한마황을 조종하는
듯한….

하지만 뭔가
이상해.

왜 공격을
하지 않는 거지?

설마
무서워진 거냐?

크크크크!

하지만
후회하기엔
늦었어, 가라!

두 두 두 두

큰일이야! 이대로
가다가는 내가 먼저
지칠 텐데….

으응?
구옷
카악
통
너, 너희….
에구구….
도, 도착한 거야?

호야, 밍밍, 러프, 나르시스!

금동!
다신 달팽이 따윈 안 탈 거야!
그래도 맞게 도착한 거지?

얘들아!
이 바보 녀석!
빡
악!

왜 때려?
다신 그렇게 혼자 사라지지 마!

얼마나 걱정한 줄 알아?
!

모르겠어? 한타지는 너만의 것이 아니야. 모두 함께 지켜야 하는 거라고.

호야의 말이 맞아.
우리도 같이 싸울 수 있다고.

모두들….

인사는 그쯤
하는 게 어때?

여기까지
찾아온 건
칭찬해 주지.

스스스

한마황!

하지만 여기까지다.
이젠 끝을
낼 시간이군.

가라!
온다!

本

근본 **본**

근본 본(本)의 부수한자는
나무 목(木)입니다.

氣 기운 **기**　丿丿𠂉气气气気氣氣氣

나타부한!
마음 심 心을
부수로 해서
변신한다!
사랑 애 愛!
이 멋진
나르시스 님이
한마황을
상대하마!
愛
턱
응?
팍
크윽!
뒤를 부탁해!
速 빠를 속

 愛 사랑 애

한마황!
이제부터가
진짜 승부다!

흥, 네가 감히 내
상대가 될 것이라
생각하냐!

두고 보면
알겠지!

차악

꼬맹이가
이런 파워를…!
내가
꼬맹이라고…,
부르지 말랬지!
끄극
끄극

캉
캉

대단해!
금동이가 한마황과의 싸움에서 전혀 밀리지 않고 있어!

얘들아, 내 뒤를 부탁한다.
뭐래?
뒤?
다 다 다

헤헤~.
크오오오
……
이건….

나르시스,
너 정말!
좋아, 실력
발휘를 한번
해 보자고!

장난이야, 장난.
힘을 합쳐서
물리쳐야지.
짜가가가

탁 탁 탁
야압~!

부웅
카 각
언제까지
피할 수 있는지
보자!
쿠앙

*평등(平 평평할 **평**, 等 무리 **등**) : 권리, 의무, 자격 등이 차별 없이 고르고 한결같음.

나 역시 너희처럼 한타지를 지키는 선비이고 싶었지.
하지만 힘이 없으면 아무것도 할 수 없다는 걸 깨달았다.
무슨 헛소리야!
오직 강한 힘을 가진 자만이…
꽈앙!
이 한타지를 지킬 수 있다! 이제 그 의미를 알려 주마!

 問 물을 문 丨 𝐏 𝐏 𝐏 門 門 門 門 問 問 問

어둠의 물을 문 問 한자 마법이다.

흥, 누가 너 따위가 하는 질문에 답할 것 같으냐!

뭐지? 얼굴이 점점 사악해 지고 있잖아.

넌 이제부터 내 질문에 대답하게 될 것이다.

후후, 과연 그럴까?

나타부한! 여자 녀 女를 부수로 해서 성을 묻는다! 성씨 성 姓!

푸학!

크윽!

姓 성씨 성

 *위력(威 위엄 위, 力 힘 력) : 상대를 압도할 만큼 강력한 힘.

나타부한!
아들 자 子를 부수로 해서 효도의 근본을 묻는다! 효도 효 孝!
孝
아
아
아
콰아
으아아아~!
효… 효도는 부모님을 공경하고 마음을 편하게 해 드리는 것.
헛!
팟

孝 효도 효 一 十 土 耂 孝 孝

나도 모르게
또 대답을….

어둠의
물을 문 問
마법의 힘을
이제 똑똑히
알았겠지?

넌 내 질문에
계속 대답하게
될 거다.
나한테 왜
이런 마법을
건 거야?

방금 내가
했던 말이
헛소리가
아니라는 걸 증명
하기 위해서다.
어?

넌 힘이 없으면 아무것도 할 수 없다는 게 헛소리라고 했지?

힘을 사용하지 않고 이 마법을 이겨 낸다면 네 말을 인정해 주마!

얘들아, 금동이가 위험해!

뭐야?

!

!

!

힘을 사용하지 않고 이겨 내라고?

할 수 있을 것 같으냐?
내 말이 헛소리라면 넌 힘을 사용하지 않고도 이 마법을 풀 수 있겠지?

그걸 말이라고 해?

한자 마법을 상대하는데 힘을 사용하지 않고 어떻게 싸우라는 거야!
그거야 나도 모르지.
어차피 넌 이 마법에서 빠져나오지 못할 테니.

本 근본 본 一 十 才 木 本

*근본(根 뿌리 근, 本 근본 본) : 사물의 본질이나 본바탕.

대, 대답을
할 수가 없어!
끽
가
과
과
크아아아악!
금동아!

내 질문에 답하지 못하면 넌 영원히 그 안에서 빠져나올 수 없을 것이다!
뜨드드
으아아아!
크하하하! 이게 바로 어둠의 물을 문 問 마법의 진정한 위력이다!

정답 ✗ 근본 **본** 本의 부수한자는 나무 **목** 木입니다.

나를 방해하는 녀석은 가만두지 않겠다!
와, 완전 괴물 같아….
금동이는 이제 어떻게 되는 거지?

正

바를 **정**

바를 정(正)의 부수한자는
그칠 지(止)입니다.

크크크, 이제 너희를 어떻게 할까?
너희를 처리하는 건 내가 이 녀석에게 대답을 들은 다음이다.
겁먹지 마라. 적어도 지금은 공격하지 않을 테니.

너희는 그때까지 얌전히 있는 게 좋을 거야.
우리가 금동이를 저대로 둘 것 같아?

잠깐! 일단 지금은 한마황의 말대로 하는 게 좋을 것 같아.
호야!

이제 상황 파악이 된 모양이지?

호야! 어떻게 그런 비겁한 말을….
내 말 들어!

호야?
지금 누구 보다도 분한 건 나야.

나도 금동이를 돕고 싶다고!
호야….

이런 상황에 아무 도움도 되지 못하다니….

그래도 너를…!
믿어도 되는 거지? 금동아!

으…응?
헉!
어떻게
된 거야? 여긴
어디지?

!!
으아아…,
뭐, 뭐야!

너, 넌 뭐야?
나는 일월오성검의 정신이다.
일월오성검 이라고?

넌 물음에
대답하지 못하면
이 어둠 속을 영원히
빠져나갈 수 없다.
뭐?
어?
푸시식

웃기지 마!
파웅
이게 어떻게
된 거지?
이 안에서는
힘을 이용한 공격은
통하지 않는다.

어서 질문에
대답해라.

대체 뭘
대답하라는
거냐?

선비의 근본은
무엇이냐?

그리고
보니….
한마황도
똑같은….
本

같은 질문을
왜 계속하는
거야! 좋아,
대답하지!

선비의 근본은
약한 사람을 돕고
나쁜 무리를
물리치는 거야!

훌륭한 대답이야.
그럼 이제
나가게 해줘!

네 대답이
훌륭하긴 하다.
하지만 이걸 봐라.
刀
아! 저자들은
미도의 어린 시절에서
봤던…!

이자들은 선비임에도 불구하고, 하늘 고을에 해를 끼쳤다.

하지만 원래 이자들도 약한 사람을 돕고 나쁜 무리를 물리치려고 했던 선비들이지.
그렇지만…!

보아라, 양반에게 괴롭힘을 당하는 선비의 모습을.

하지만 저 선비의 힘이
강했다면 괴롭힘을
당하지 않았겠지.

한마황이 내 힘을
원했던 건 그런 이유
때문이다.

…….

그, 그렇지만….

이래도 네 대답처럼
선비가 나쁜 무리들을
물리치는 존재라고
할 수 있느냐?

그러니 네 대답은 틀렸다!
넌 영원히 내 안에 갇혀
지내게 될 거다.
크아아악!
차아아아악
서, 선비의 근본이라니
그런 건 생각해
본 적도 없었는데…!
나는 왜 선비가
된 거지?
대체 왜….

그러고 보니
그때 스승님의 질문!
금동아, 너는
부수한자 마법을 왜
배우고 싶으냐?
부수한자
마법을 쓸 수
있으면 사냥도
편하고, 옷도
만들 수 있고~.
그거야
당연히
강해지고
싶어서죠.
이 녀석!
빡
아야!

겨우 그런 데에 써먹으라고 내가 부수한자 마법을 가르치는 줄 아느냐?
멍청이.
아닌가요?

물론 부수한자 마법을 익히게 되면 훨씬 강해질 수 있을 거다.

하지만 강한 힘을 함부로 사용하면 세상에 큰 혼란이 온단다.
아!

그래서 강한 힘에는 언제나 큰 책임이 따른단다.

항상 자신을 바르게 하여 부수 한자 마법을 올바른 곳에 쓸 수 있도록 해야 한다.
네!
그래, 맞아! 책임감!

강한 힘엔 언제나 큰 책임이 따른다는 것! 그게 선비의 근본!
나타부한! 대 죽 竹! 대 죽 竹을 부수로 해서 물음에 답한다! 대답할 답 答!

答 대답할 답 ⺮ ⺮ ⺮ ⺮ ⺮ 笂 笂 笂 答 答

아직도 대답에 대한 미련이 남아 있는 거냐?
내 대답은 정해졌어!
나타부한! 제부수한자 마법 스스로 자 自!
自

선비의 근본은 밖에서 찾는 것이 아니야.

이, 이 기운은…!

답은 바로 자신 안에 있는 거야!

스스로 자 自 마법은 내 자신을 스스로 돌아보는 마법이다!

큭!

하지만 그 마법만으로는 내 손아귀를 빠져 나갈 수 없다!

물론 그렇겠지.
중요한 건 어떻게
자신을 돌아
보느냐는 거지!
나타부한!
그칠 지 止!
창 앙
그칠 지 止를
부수로 해서 바른
마음으로 자신을
돌아본다!
바를 정 正!

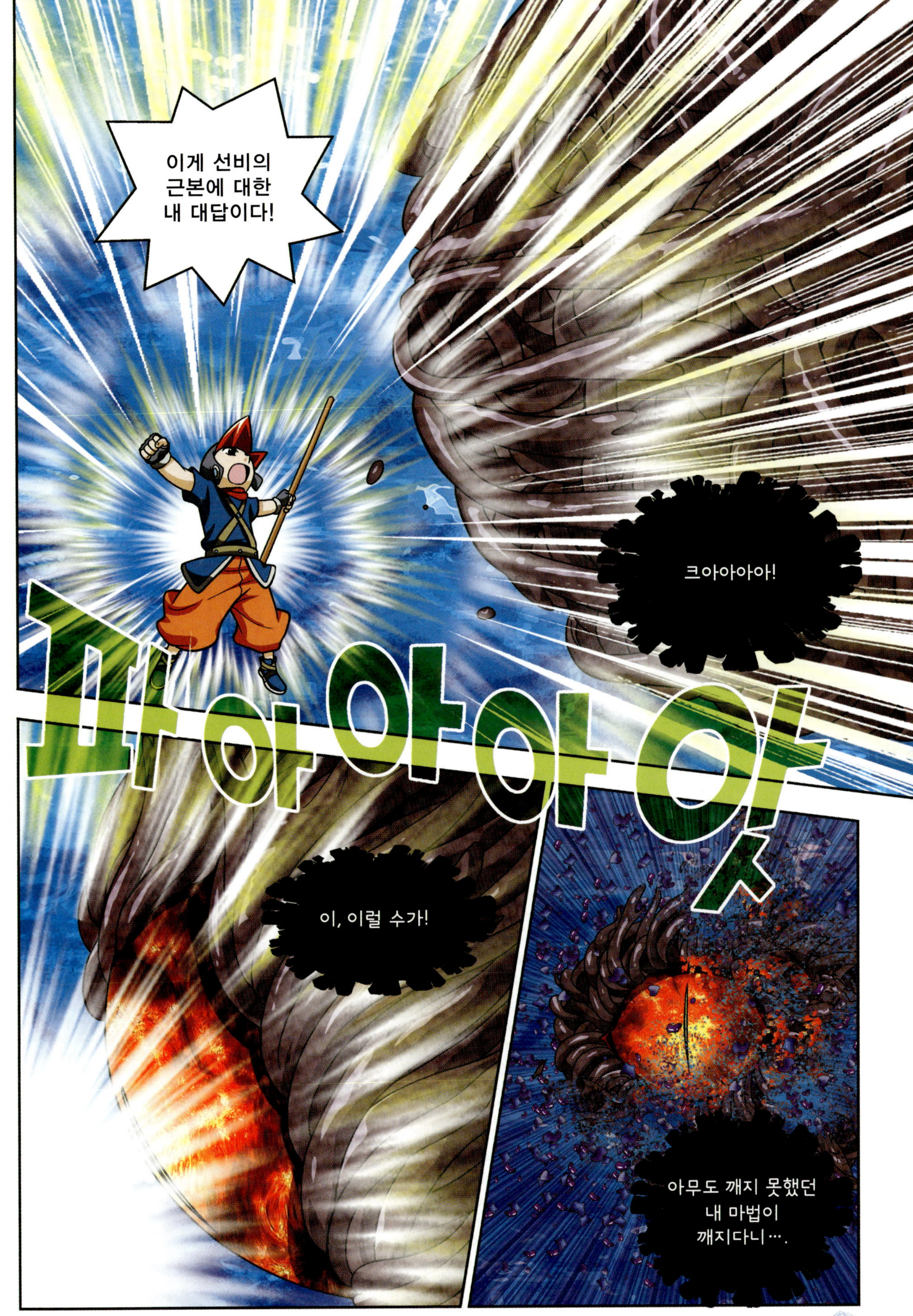

이게 선비의 근본에 대한 내 대답이다!
파아아아앗
크아아아아!
이, 이럴 수가!
아무도 깨지 못했던 내 마법이 깨지다니….

크크, 조금만 더 있으면 완전히 어둠 속으로 사라지겠군.
흑, 어쩌면 좋아.
이대로 끝낼 순 없어! 우리의 힘으로 금동이를….
이제 너희에게 희망은 없다.

*만용(蠻 오랑캐 만, 勇 날랠 용) : 분별없이 함부로 날뛰는 용감함.

콰
서, 설마?

으아악!
뭐야 이건!

漢
한나라 한

한나라 한(漢)의 부수한자는
삼수변(氵)입니다.

OX 퀴즈 바를 정 正 의 부수한자는 그칠 지 止 이다? (정답은 120쪽.)

한마황, 이제 네 마법은 깨졌어.
내가 일월오성검의 질문에 대답을 했거든.
선비의 근본을 알아냈어.
그리고 내가 가야 할 길도.
쿵동

뭐?
아….
금동!
금동….
무사 했구나!

이제야 그때 생명의 나무가 해줬던 말이 이해가 돼.
때가 되면 넌 커다란 갈등을 겪게 될 것이다.

아마도 선비의 근본에 대해 생각하게 되는 것과

너와 나 둘 중에서 누가 옳고 그른지를 고민하게 되는 일을 말한 거겠지.
그래서….

네가 옳다는 거냐? 그래 봤자 힘이 없으면 세상을 구할 수 없어!
촤악

정답 O

팍

뭐, 뭐야…,
손으로 내 검을
막은 거냐!
그극
그극
말도 안 돼!

금동이의 기운이
완전히 달라졌어.
어떻게 이런
일이….

금동이는
깨달은 거야.
뭐라고?

일지매의 무기가
변하듯이
금동이도 더
강한 존재로
성장한 거야.

그러고 보니 일지매의 무기가 또 변한 건가 봐. 금동이 팔에….

네 말대로 강한 힘도 필요해. 하지만 힘이 약하다고 나쁜 것만은 아니야.
슥
뭐?

힘이 있더라도 스스로 옳은 길을 가고 있는지 고민하지 않는 게 더 나쁜 거야!

뽜!
으아악!
텅
텅

해냈어!
어, 엄청난 힘이야.

하지만 상대는 한마황이야.
응?

절대 방심해선 안 돼!
그건 그렇지만….

비틀
큭!

스스로 옳은 길을 가고 있는지 고민하지 않는 게 더 나쁜 거라고?

그게…, 답이었어?

일월오성검!

나조차 풀지 못한
일월오성검의 질문을
저 꼬맹이가 감히…!

난 이 검이
내게 한 질문에
대답하지 못하고
저주에 빠졌다!

슈슈슈

한낱 꼬맹이 따위가 날 이길 순 없어!
절대 그럴 순 없다고!
크아아아아

이…제… 정말…
끝…이다…!
한마황과
일월오성검이
합쳐졌나 봐.
헉! 완전
괴물처럼 변했어!
내 마지막
공격을
받아라!
바라던
바다!

파이아아아
엄청난 힘이야!
둘 중 하나는
끝장나겠어!

*악연(惡 악할 **악**, 緣 인연 **연**) : 좋지 못한 인연.

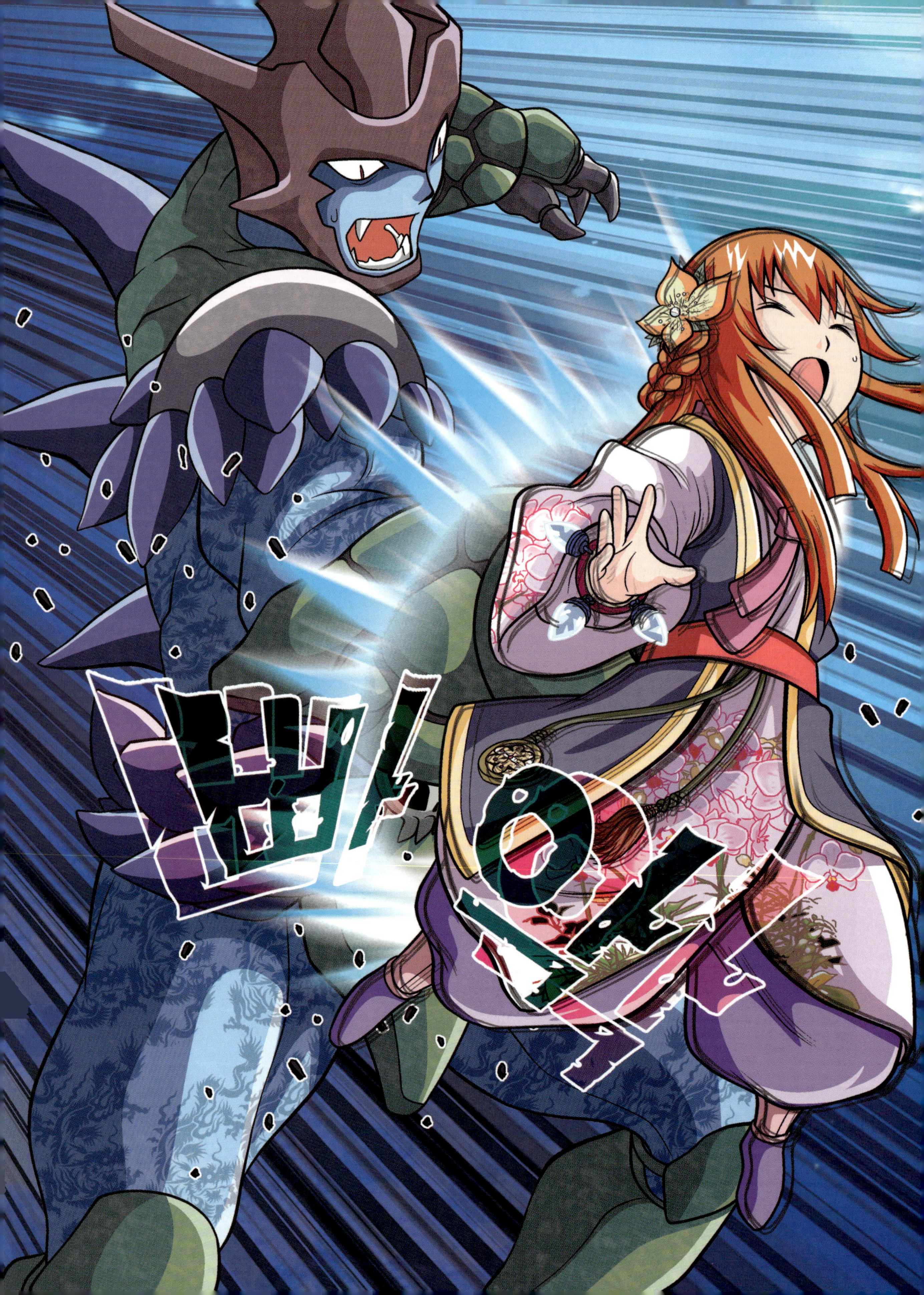
ビシッ
ビシ
ピクッ

무, 문영!
문영아!

이…런….

덥석

어, 어째서
네가 끼어든 거야!

한마황 님…, 선비
금동은 한타지에
없어선 안 될
존재라는 걸
깨달았거든요.

사실은
한마황 님도
선비 금동처럼
되고 싶으셨던
것 아닌가요?

지금의
한마황 님을
보세요.

일월오성검이
한마황 님을
괴물로 만들어
버렸어요.

이제 제발… 착하고
다정했던 그때로
돌아가세요.

무서운 한마황이
아닌 순수하고
착한 개똥이로….
내…,
내가 무슨
짓을….
툭
문영!

흐… 흑…,
어떡하지?
아직 늦지 않았어!

문영을
되살리려면
지금뿐이야!

하지만 이제
한자 에너지가….
한타지의
사람들로부터
에너지를 받아!
그들의 에너지를
나눠 받는 마법을
쓰면 돼!

에너지를
나눠 받는
마법?
아, 그래!

해 보겠어!
나타부한!
삼수변 氵!
파
아앗

漢 한나라 한 `ㆍㆍㆍㆍㆍ氵氵氵氵氵氵漢漢

한나라 한 漢 마법으로 한타지의 모든 사람들이 한자 마법을 들을 수 있어!

이제 네가 한타지의 모든 사람들에게서 한자 에너지를 빌려야 해!
뭐라고?

그…, 그런 짓을 할 순 없어!
문영을 살리고 싶지 않아?

하지만….

그동안 내가 했던 짓을 생각하면 아무도 나를 도와주지 않을 테지….

해 보지도 않고 미리 포기하지 마.
뭐?!
네가 아무리 나쁜 짓을 했다고 해도 사람을 살리는 일이야.
넌 또 언제 돌아왔냐?
그럼, 그럼.
호야 말이 맞아. 한타지 사람들을 믿으라고.
힘이 빠지고 있어, 어서!
큭!

나타부한!
사람인변 亻을
부수로 해서 한타지에
살고 있는 사람들이여,
에너지를 나눠 줘!
살 주 住!
住
이이이이이이이이앙
이런,
에너지가
하나도 오지
않잖아.
역시…,
한마황을
도우려는 마음이
없나 봐.

사람들이 나를 도와줄 리가 없지.
결국 내가 모든 걸 망친 거야. 한타지도, 문영도….
난 이제 한타지를 떠나겠다.
평생 이 죄를 안고 살아갈 것이다.
한마황!
부디 한타지를 잘 부탁한다.

저길 봐!
에너지가 오고
있어!

뭐?

파
아
아 어 어 어 아

엄청난 에너지야!
모두들 힘을 나눠 주고 있어!

파
파
파
내, 내 몸이….
으아악!

*선량(善 착할 선, 良 어질 량) : 행실이나 성질이 착함.

으음….
아….
무, 문영?
한…, 한마황 님?
문영!

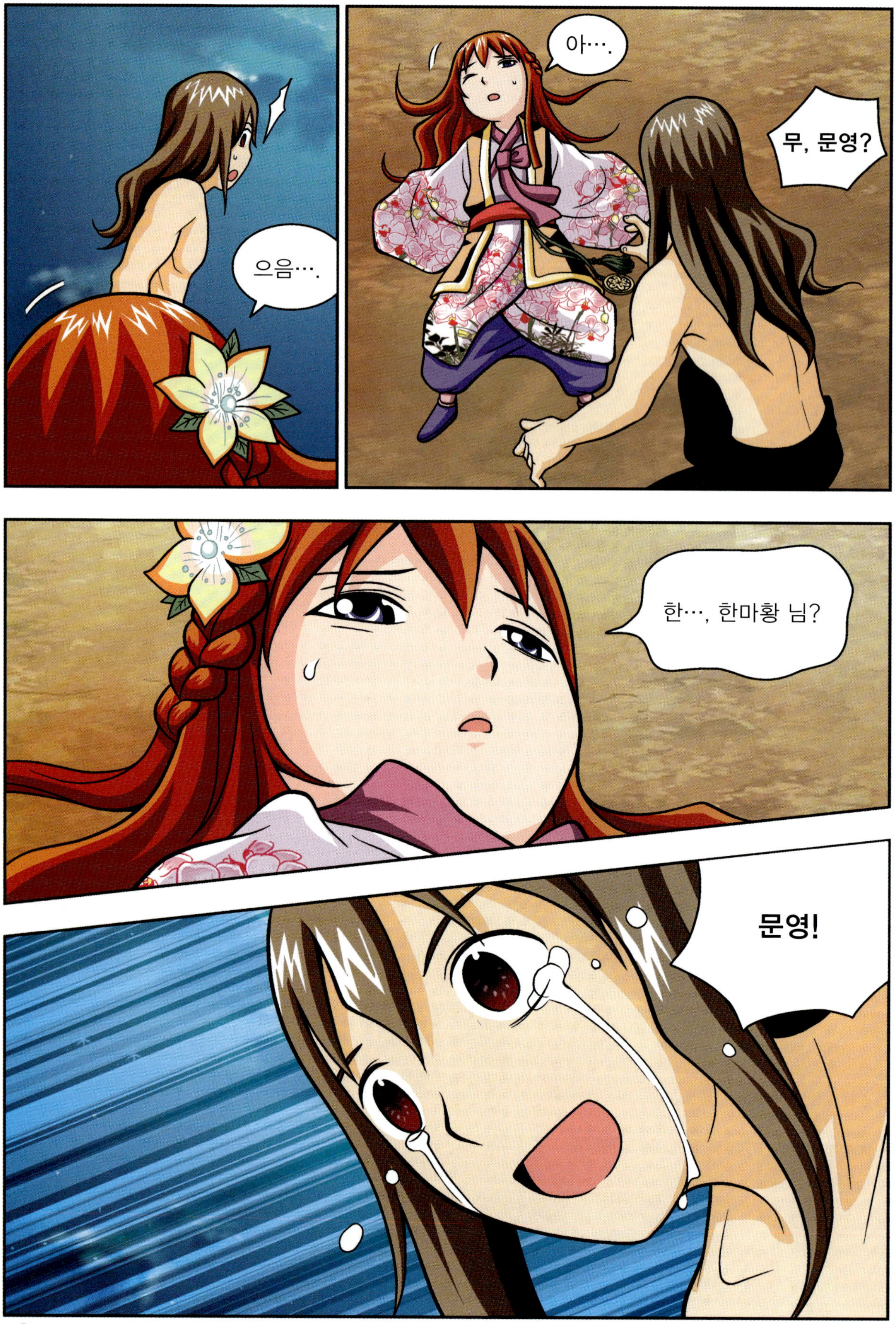

와락
살아나서
고마워!

에필로그

다시 테일즈런너의
세상으로!

저희는 해야 할 일을 했을 뿐인데요.
그렇지 나르시스?

훗, 제 활약이 없었다면 한타지를 구하지 못했을 거예요.
때릴까? 내게 맡겨.

마지막까지 난 왜…
그런데 한마황은 어떻게 됐을까요?

한마황은 문영과 함께 떠났어.

스승님을 뵐 면목이 없다면서…
물론 그럴겠지.

 *사형(師 스승 **사**, 兄 형 **형**) : 한 스승의 제자로서, 자기보다 먼저 그 스승의 제자가 된 사람.

그럼 또 상대하면 되죠.
뭣이?

어두운 마음을 가진 사람이 생기면,
착한 사람 또한 나타나지 않겠어요?

그렇게 되면 저는 절대 지지 않을 거예요.
금동이가 정말 많이 성장했구나!

자, 이제 작별 인사를 해야지?

아차, 그렇죠?
아….

그동안 고마웠어.
아니야.
우리도 즐거웠는걸.

저들을 보내려면
세상 세 世
한자 마법을 써야 한단다.
네, 해볼게요.

또 엉뚱한 거 하지 말고.
내가 언제!

후
나타부한!
세상/인간 세 世와 윗 상 上! 테일즈런 너들을 원래의 세상으로 돌려 보낸다!
세상 世上!

그동안 〈테일즈런너 나타부한 부수한자〉를 사랑해 주셔서 감사합니다.

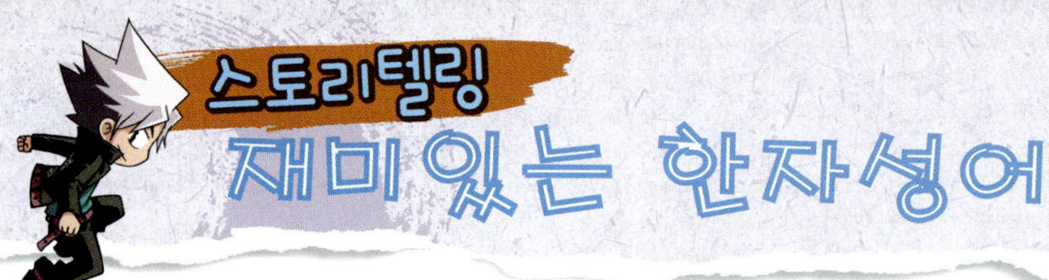

자승자박

自 繩 自 縛

스스로 **자** 노끈 **승** 스스로 **자** 얽을 **박**

나르시스가 자승자박에 빠졌구나.
자승자박?

자승자박(自繩自縛)이란 '자기의 줄로 자기 몸을 묶는다.'는 뜻으로, 자기가 한 말과 행동에 자신이 구속되어 곤란하게 됨을 이르는 한자성어야.

스스로 잘난 척을 하지 않겠다고 해버려서 괴로움을 겪고 있으니까 완전 자승자박이지?
듣고 보니 그러네?
으으~.

앗, 그렇구나!

난 잘난 척을 하는 게 아니라 정말로 잘났으니까 잘난 척 하는 게 아니잖아!
그럴 줄 알았다.

초등학생을 위한 가장 쉬운 중국어와 한자가 온다!

스토리텔링 학습으로 원어민처럼 중국어가 술술~

해법중국어교실

❶ 국내 최초 중국어 자기주도학습관
❷ 전문교사와 함께하는 1:1 수준별 맞춤 프로그램
❸ 중국어 회화 완성으로 중등 내신 및 HSK시험 대비
❹ 다양한 놀이와 활동을 통한 중국 문화 체험

국내 최초 방과후 전문교재 출시!

이제 학교에서도 흥미진진한 삼국지 중국어를 만나보세요!

월 교재 구성(매 월 1set 제공)

본 책　　　　부록　　　　학부모 안내장　　　　CD

한자급수 시험도 한번에 합격!

해법한자교실

❶ 철저한 자기주도형 학습 프로그램
❷ 급수시험 최신 기출 문제 반영
❸ 평가에서 오답 관리까지 체계적인 온라인 학습 제공

 해법중국어 **1577-5153**
www.hbchinese.co.kr

 해법한자교실 **1577-1482**
www.hbhanja.co.kr

천재 코믹스
나타부한 테일즈런너 Tales Runner
부수한자 12
워크북
BC249-70B58
특별 제공
테일즈런너
3,000캐시
+
5,000캐시 상당의
아이템
✽ 쿠폰 사용기간(유효기간)은 도서 발행일로부터 1년입니다.
발행일은 본책의 판권 페이지를 참조하세요.

〈쿠폰 이용 방법〉
❶ 테일즈런너 홈페이지 (http://tr.nopp.co.kr)
로그인!
❷ 〈내 쿠폰 교환소〉에 들어가서 〈도서상품쿠폰〉 탭 클릭!
❸ 〈테일즈런너 나타부한 부수한자〉에서
〈12권〉을 선택 후, 올바른 쿠폰 번호 입력!
❹ 내 계정에서 3,000 캐시와 5,000 캐시 상당의 아이템 확인!
❺ 재미있게 테일즈런너를 즐긴다!
http://tr.nopp.co.kr 지금 접속하세요!

〈쿠폰 이용 시 주의사항〉
· 쿠폰 입력 횟수는 한 계정당 한 번으로 제한되며,
동일한 도서를 여러 권 구입하여 입력하는 것은
허용되지 않습니다.
· 본 쿠폰은 네이버 플레이넷, 투니랜드, 넥슨
회원들은 이용하실 수 없습니다.
· http://tr.nopp.co.kr로 접속하셔서 계정 등록
후 이용하여 주시기 바랍니다.
문의사항은 테일즈런너 홈페이지를 이용하세요.

나타부한!
워크북으로 다시 한번
부수한자에 대해 재미있게
공부해 볼까요?

차례

구성과 특징

부수한자 마법 훈련, 급수 한자 마법 훈련

▲ 본책에서 공부한 부수한자와 급수 한자의 숨겨진 이야기와
여러 가지 뜻을 알 수 있고, 필순에 따라 써 볼 수 있습니다.

스토리텔링! 생활 속 한자, 교과서 속 한자

▲ 일상생활에서 활용할 수 있는 한자어와 교과서에 나오는 한
자어를 재미있는 만화와 이야기 속에 담아 스토리텔링 학습
을 돕습니다.

급수 한자 실력 쌓기

▲ 한자능력검정시험과 같은 유형의 문제를 생동감 있는 만화
와 함께 구성하여 한자 실력을 높일 수 있습니다.

필순 미로 탈출

▲ 재미있는 미로 탈출 게임을 하며 한자 학습에서 중요한
필순을 자연스럽게 익힐 수 있습니다.

나타부한! 그칠 지 止  5급

걸음을 멈추고 있는 발의 모양! 그칠 지!
- '止'는 걸음을 멈추고 있는 발의 모양을 나타낸 글자로, '그치다'를 뜻합니다.
- 제부수한자입니다.

◉ 여러 가지 뜻과 음

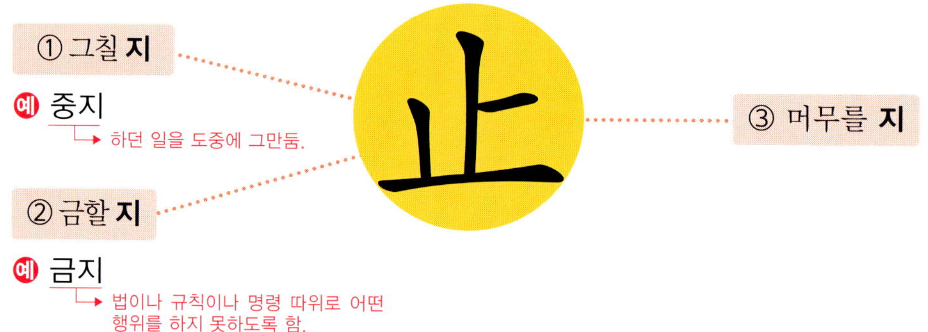

◉ 필순에 따라 쓰기

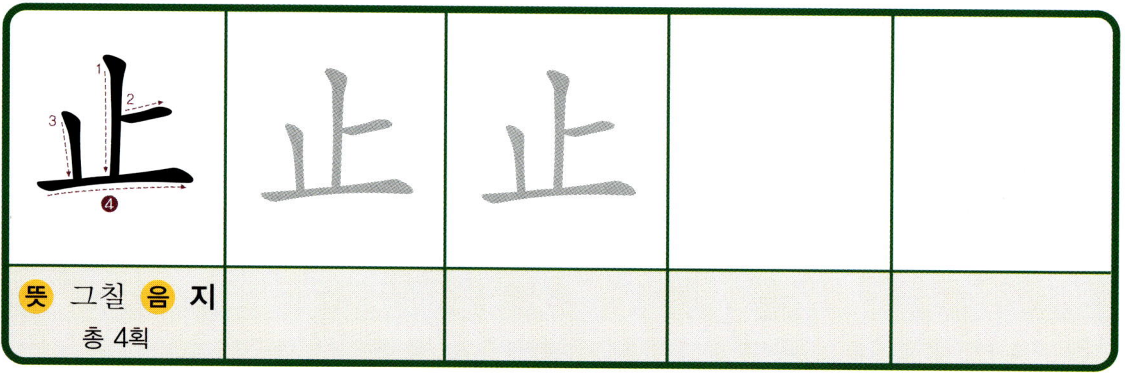

나타부한! 스스로 자 自 **7급**

◉ 여러 가지 뜻과 음

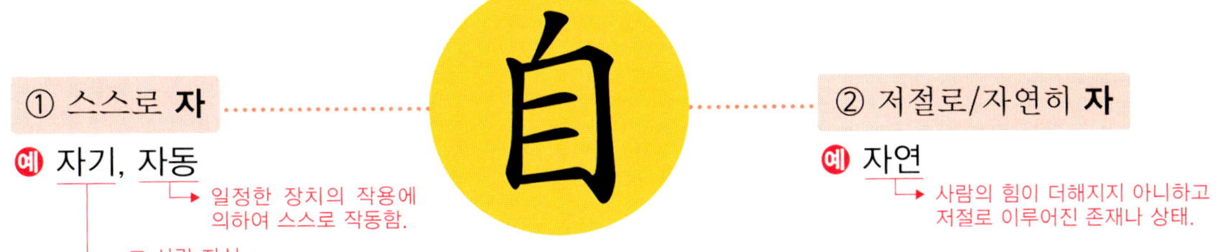

◉ 필순에 따라 쓰기

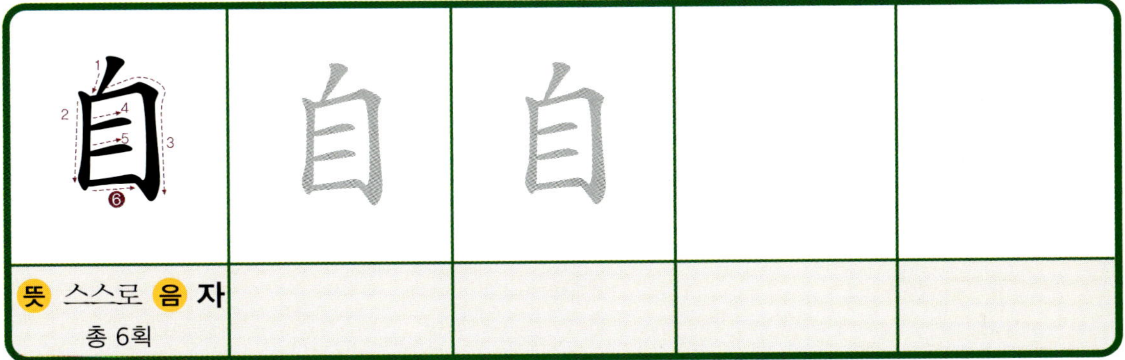

나타부한! 대답할 답 答  7급

알아보기

대나무 종이에 대답하다! 대답할 답!
- '答'은 물음에 대한 대답을 대나무 종이에 써서 한다는 데서 '대답하다'를 뜻합니다.
- 부수한자는 대 죽 竹입니다.

◉ 여러 가지 뜻과 음

① 대답할 **답**

예 대답, 정답, 문답
→ 물음과 대답.
→ 옳은 답.
→ 부르는 말에 응하여 어떤 말을 함.

答

② 갚을/보답할 **답**

예 보답, 답례
→ 말, 동작, 물건 따위로 남에게서 받은 예(禮)를 도로 갚음.
→ 남의 호의나 은혜를 갚음.

◉ 필순에 따라 쓰기

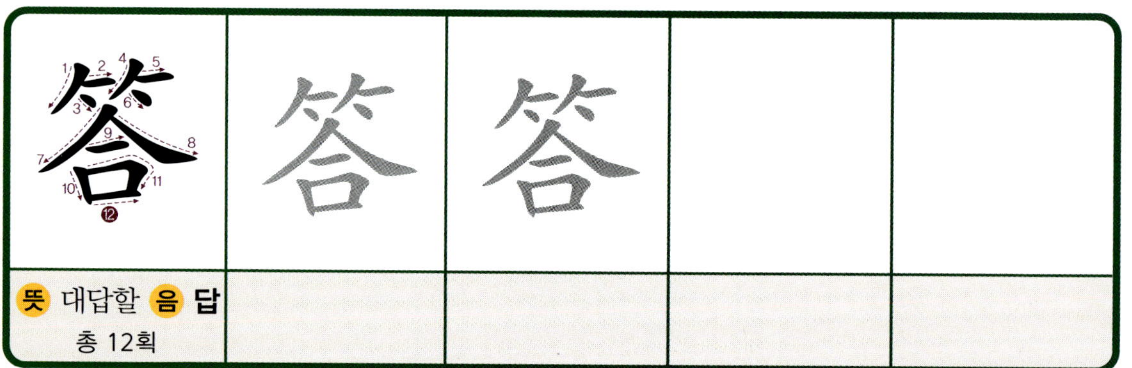

答	答	答	
뜻 대답할 음 답 총 12획			

나타부한! 바를 정 正

전쟁에서 승리하는 것이 바른 일! 바를 정!
- '正'은 발을 디뎌 적의 성 안으로 들어가 적을 물리치는 바른 일을 했다는 데서 '바르다'를 뜻합니다.
- 부수한자는 그칠 지 止입니다.

◉ 여러 가지 뜻과 음

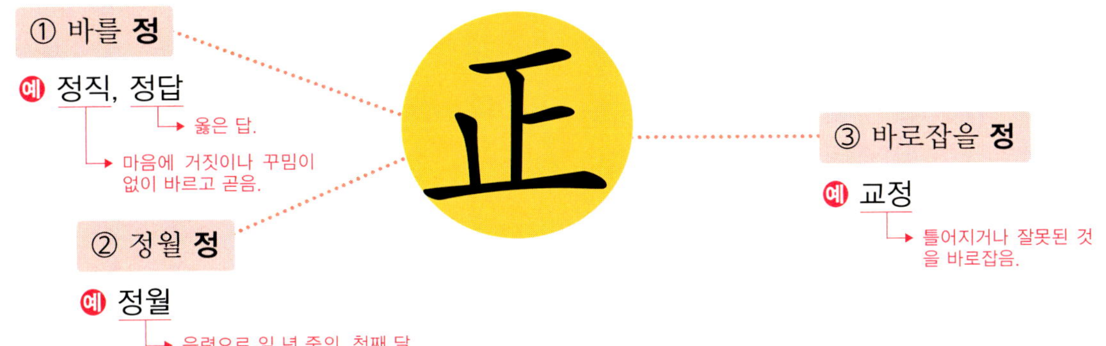

◉ 필순에 따라 쓰기

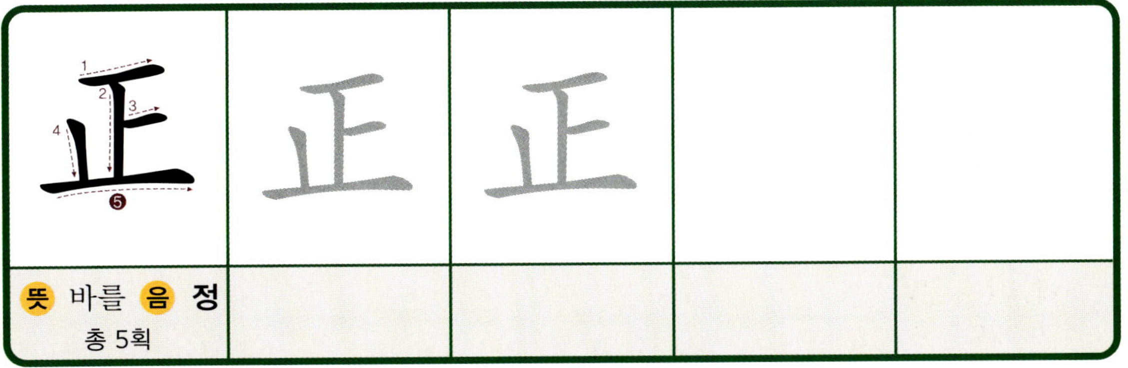

正	正	正		
뜻 바를 음 정 총 5획				

나타부한! 물을 문 問 7급

알아보기

문 앞에서 물어본다! 물을 문!
- '問'은 문 앞에서 입으로 소리를 내어 묻는다는 데서 '묻다'를 뜻합니다.
- 부수한자는 입 구 口입니다.

◉ 여러 가지 뜻과 음

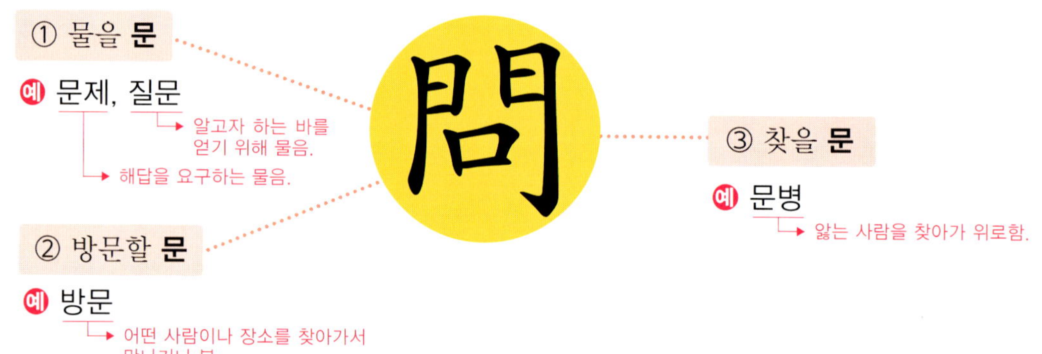

① 물을 **문**

예 문제, 질문
┗→ 알고자 하는 바를 얻기 위해 물음.
┗→ 해답을 요구하는 물음.

② 방문할 **문**

예 방문
┗→ 어떤 사람이나 장소를 찾아가서 만나거나 봄.

③ 찾을 **문**

예 문병
┗→ 앓는 사람을 찾아가 위로함.

◉ 필순에 따라 쓰기

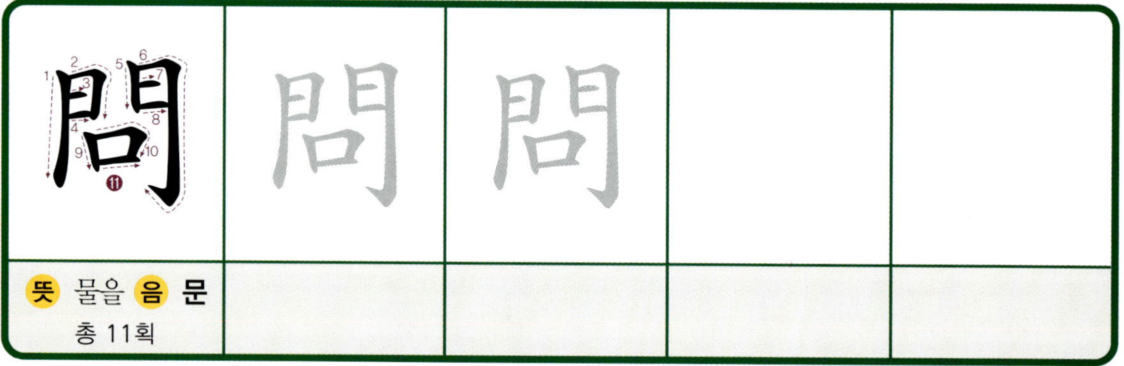

問	問	問		
뜻 물을 음 문 총 11획				

나타부한! 기운 **기** 氣 **7급**

알아보기

쌀밥을 먹으면 생기는 기운! 기운 기!
- '氣'는 쌀밥을 먹으면 기운이 생긴다는 데서 '기운'을 뜻합니다.
- 부수한자는 기운 **기** 气 입니다.

◉ **여러 가지 뜻과 음**

◉ **필순에 따라 쓰기**

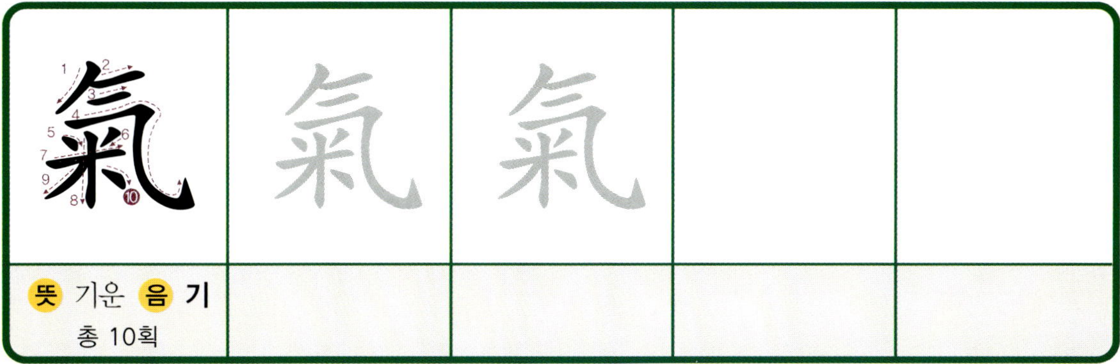

나타부한! 빠를 속 速 6급

알아보기

띠를 묶고 빨리 가다! 빠를 속!
- '速'은 띠를 묶고 빨리 가는 모습을 나타낸 글자로, '빠르다'를 뜻합니다.
- 부수한자는 책받침 辶 입니다.

◉ **여러 가지 뜻과 음**

① 빠를 속 ——————— 速 ——————— ② 이룰 속

예 속도, 속독, 속보

→ 빨리 알림. 또는 그런 보도.

→ 책 따위를 빠른 속도로 읽음.

→ 물체가 나아가거나 일이 진행되는 빠르기.

◉ **필순에 따라 쓰기**

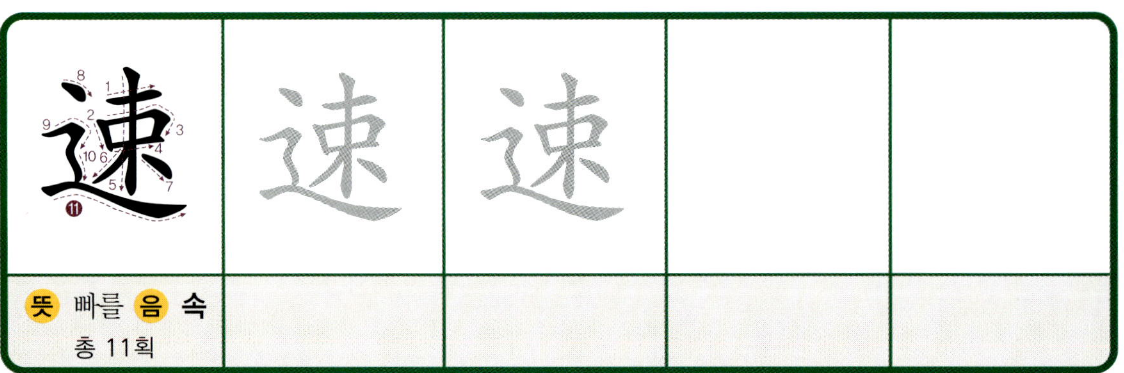

速	速	速		
뜻 빠를 음 속 총 11획				

나타부한! 그림 도 圖 6급

알아보기

경계를 정확히 그린 그림! 그림 도!
- '圖'는 경계 구역을 명확히 하기 위해 둘레를 그렸다는 데서 '그림'을 뜻합니다.
- 부수한자는 큰 입 구 口입니다.

◉ 여러 가지 뜻과 음

① 그림 **도**

예 지도
→ 지구 표면을 일정한 비율로 줄여 기호로 나타낸 그림.

② 도장 **도**

예 도장
→ 이름이나 글자를 나무, 뿔, 고무 따위에 새겨 표지나 증명을 나타내는 물건.

③ 서적/책 **도**

예 도서
→ 책.

◉ 필순에 따라 쓰기

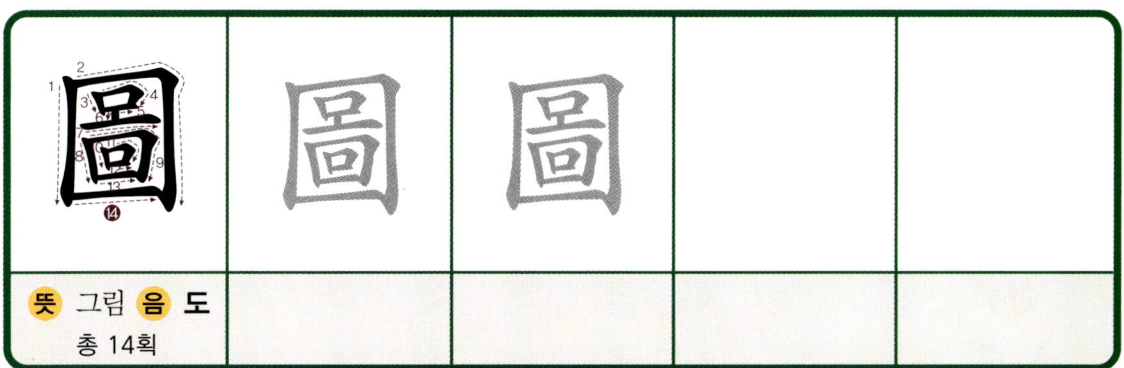

圖	圖	圖		
뜻 그림 음 도 총 14획				

나타부한! 움직일 동 動 단어를 익혀라!

나타부한! 근본 본 本 단어를 익혀라!

한자 파자 놀이

※파자(깨뜨릴 **파** 破, 글자 **자** 字) : 한자의 자획을 풀어 나눔.

答

대답할 **답**

이제 정말
한자 박사가
다 된 것 같아.

目
눈 목
삐침별 새
눈(눈 목 目)
위에
새(삐침별 새 ノ)
한 마리가 스스로
와서 앉은 글자는
뭘까?

自

스스로 **자**

야!
그게 있어야
한다고!
똑

一
한 일
止
그칠 지
하나(한 일 一)
같이 옳은 일을
그치지
(그칠 지 止)
않으니 매우
바르다.
正
바를 정

너희는
착한 일을 그치지
않는구나.
내가
들 거야!
스승님의
짐은 내가
든다니까!

나도 한자 공부
하러 가야지.
같이 가.

묶을 속
뛸 착
묶어
(묶을 속 束)
놓았더니
뛰기
(뛸 착 辶)가
편해서 빠르다.

速

빠를 속

따라올 테면
따라와 봐~.
저렇게
빠른 비결이
뭐지?
달릴 때
걸리지 않도록
뭐든 단단히
묶어 놓고
달린대.

● 스스로 자 自

- 자립(스스로 **자** 自, 설 **립** 立) : 남에게 속하거나 의지하지 아니하고 스스로 섬.
- 자신(스스로 **자** 自, 믿을 **신** 信) : 어떤 일을 해낼 수 있다거나 어떤 일이 꼭 그렇게 되리라는 데 대하여 스스로 굳게 믿음.
- 자신(스스로 **자** 自, 몸 **신** 身) : 그 사람의 몸 또는 바로 그 사람을 이르는 말.

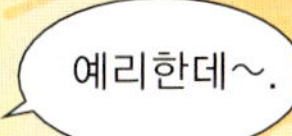

◉ 바를 정 正

- 정식(바를 **정** 正, 법 **식** 式) : 정당한 격식이나 의식.
- 정직(바를 **정** 正, 곧을 **직** 直) : 마음에 거짓이나 꾸밈이 없이 바르고 곧음.
- 정오(바를 **정** 正, 낮 **오** 午) : 낮 열두 시.

수학

- 정답(바를 정 正, 대답할 답 答) : 옳은 답.
- 해답(풀 해 解, 대답할 답 答) : 질문이나 의문을 풀이함.
- 오답(잘못 오 誤, 대답할 답 答) : 잘못된 대답을 함.

- 본의(근본 **본** 本, 뜻 **의** 意) : 본심. 본디부터 변함없이 그대로 가지고 있는 마음.
- 성함(성씨 **성** 姓, 재갈 **함** 銜) : 성명의 높임말.
- 육성(기를 **육** 育, 이룰 **성** 成) : 길러 자라게 함.

1 다음 만화를 보고 밑줄 친 漢字(한자)의 讀音(독음)을 쓰세요.

(1) (   ) (2) (   )

2 다음 만화를 보고 밑줄 친 漢字(한자)의 讀音(독음)을 쓰세요.

(1) (   ) (2) (   )

3 아래 만화에 있는 漢字(한자)의 訓(훈 : 뜻)과 音(음 : 소리)을 쓰세요.

(   )

4 아래 만화에 있는 漢字(한자)의 訓(훈 : 뜻)과 音(음 : 소리)을 쓰세요.

(   )

5 다음 한자의 ㉠획의 쓰는 순서를 아래에서 찾아 번호를 쓰세요.·········· (   )

① 첫 번째   ② 두 번째

③ 세 번째   ④ 네 번째

6 다음 한자의 ㉠획의 쓰는 순서를 아래에서 찾아 번호를 쓰세요.·········· (   )

① 첫 번째   ② 두 번째

③ 세 번째   ④ 네 번째

7 다음 만화를 보고 밑줄 친 말에 해당하는 漢字(한자)를 보기 에서 찾아 번호를 쓰세요.

보기　①車　②自　③里　④竹

(1) (　　　　　　)

(2) (　　　　　　)

8 다음 만화를 보고 밑줄 친 말에 해당하는 漢字(한자)를 보기 에서 찾아 번호를 쓰세요.

보기　①算　②問　③育　④住

(1) (　　　　　　)

(2) (　　　　　　)

뜻에 알맞은 한자 찾기

9 빈칸에 들어갈 알맞은 漢字(한자)를 보기 에서 찾아 번호를 쓰세요.

보기   ①動   ②正   ③氣   ④姓

(1)

(2)

(3)

(4)

10 밑줄 친 ㉠과 ㉡에 공통으로 쓰이는 漢字(한자)를 보기 에서 찾아 번호를 쓰세요.

보기   ① 速 ② 氣 ③ 世 ④ 重

(1)

(   )

(2)

(   )

이렇게 색칠해
보니 한자 공부가
더욱 재미있어.

대답할 답 答의 필순을
따라 미로를 탈출해 보세요.
다른 한자나 장애물은
피해야 하는 것을
잊지 마세요!
출발!

이제 한자가
어렵지 않아!
필순 따라
출발!
示
色
答
答
笒
笇
笒
算
도착!

22~27쪽 급수 한자 실력 쌓기

1 (1) 지 (2) 력 **2** (1) 정 (2) 자 **3** 근본 본 **4** 물을 문 **5** ② **6** ③ **7** (1) ③ (2) ①
8 (1) ④ (2) ② **9** (1) ② (2) ③ (3) ④ (4) ① **10** (1) ④ (2) ②

풀이

1 (1) 止 : 그칠 **지** (2) 力 : 힘 **력**

2 (1) 正 : 바를 **정** (2) 自 : 스스로 **자**

3 本 : 근본 **본**

4 問 : 물을 **문**

5 右 : 오른 **우** (ノ ナ ナ 右 右)

6 重 : 무거울 **중** (ノ 一 一 一 一 一 重 重)

7 (1) 里 : 마을 **리** (2) 車 : 수레 **거/차**

8 (1) 住 : 살 **주** (2) 問 : 물을 **문**

9 (1) 正 : 바를 **정** (2) 氣 : 기운 **기** (3) 姓 : 성씨 **성** (4) 動 : 움직일 **동**

10 (1) 重 : 무거울 **중** (2) 氣 : 기운 **기**

30~31쪽 필순 미로 탈출

나타부한!
이제 부수한자 자신 있어요!

나타부한 테일즈러너 Tales Runner
부수한자 12
워크북
똑똑하게! 재미있게! 야무지게!
* 부수한자로 똑똑하게 한자 실력 쌓기!
쉬운 설명으로 머리에 쏙쏙 들어오는 부수한자
* 재미있게 만화를 보며 신나는 모험 함께하기!
흥미진진한 이야기 속에 살아있는 스토리텔링 한자 학습
* 학습과 재미를 동시에 야무지게 꽉 잡기!
갈수록 늘어나는 한자 실력, 갈수록 재미있는 만화
64710
9 788926 969366
ISBN 978-89-269-6936-6
ISBN 978-89-269-9929-5 (세트)
정가 : 8,800원
주의 책 모서리에 다칠 수 있으니 주의하시기 바랍니다.
부주의로 인한 사고의 경우 책임지지 않습니다.